Pierre Stutz

Die Lebendigkeit der Seele entdecken

Pierre Stutz

Die Lebendigkeit der Seele entdecken

HERDER

FREIBURG · BASEL · WIEN

Kontakt zum Autor: www.pierrestutz.ch

Gedruckt auf umweltfreundlichem,
chlorfrei gebleichtem Papier

www.herder.de
Herstellung: fgb · freiburger graphische betriebe
www.fgb.de
Umschlaggestaltung und Konzeption:
R · M · E München / Roland Eschlbeck, Liana Tuchel
ISBN 978-3-451-07070-9

Für Andreas Schweinzer, Heidi Heisterkamp,
Heiko Hauger, Kirstin Germer,
Marius Kramer, Monika Ganter,
in herzlicher Verbundenheit.

Inhalt

Zur Einstimmung

Siro ist sieben Jahre alt. Er entdeckt zu Hause eine alte Schreibmaschine und er schreibt wie wild vor sich hin, eine Fülle von Buchstaben, die keinen Sinn ergeben. In der Mitte des Blattes formuliert er zwei klare Sätze: *„Matthias ist nicht mehr mein Boss. Ich hab selber mein Leben!“*

Kalt läuft es mir den Rücken hinunter beim Lesen dieser Worte. Was ist geschehen? Seine Mutter erzählt mir, dass Siro schon im Kindergarten von seinem Spielgefährten unterdrückt wurde. Er kann sich nicht wehren, bis er ganz unerwartet Worte findet, die ein zentrales Lebensthema beinhalten: *„Ich hab selber mein Leben!“* Was für eine Kraft birgt sich in diesem kurzen Satz! Ich will Siro nicht vereinnahmen, doch ich entdecke in diesen aufrichtenden Worten ganz unmittelbar die Lebendigkeit der Seele entdecken, die uns alle unaufhaltsam zum Leben bewegt. Diese

Lebendigkeit gewöhnt sich nicht an Ungerechtigkeiten, und sie findet sich nicht ab mit den Blockierungen, die uns an unserer Entfaltung hindern. Lebendigkeit ist eine Kraft, die immer wieder durchbricht, auch ganz unerwartet. Sie stiftet uns an, das Leben zu wählen, hindurch auch durch Engpässe und Durststrecken. Sie nährt unser Vertrauen, dass wir Verbündete finden, die mit uns gegen den Strom der Oberflächlichkeit schwimmen, dem Leben zuliebe. Lebendigkeit lädt uns ein zum Staunen über den Geheimnischarakter unseres Lebens, der sich auch erfahren lässt, wenn wir schwere Zeiten aushalten müssen. Sie bewegt uns zur Lebensfreude, zum befreienden Humor, der Menschen verschiedener Kulturen zusammenführt. Sie spricht zu uns in unseren Träumen, damit wir in Urbildern erkennen, was uns aufrichtet und unsere ureigene Lebensaufgabe finden lässt.

Mich berührt, dass Siro, dieser siebenjährige Junge, mit großer Klarheit ausdrücken kann, was wesentlich ist. So verlässt er seine

Opferrolle und nimmt sein Leben in die Hand. Zugleich frage ich mich, ob er diese Entschiedenheit auch noch als Jugendlicher und als Erwachsener haben wird? Wie wird es sein, wenn er selber Chef ist? Wird er sich an diese Worte erinnern, wenn das Leben ihn durchschüttelt und er zu zweifeln beginnt am Ganzen? Ich wünsche es ihm von Herzen. Ich bin mir jedoch gleichzeitig bewusst, dass solche tiefen Lebenseinsichten nicht einfach zu haben sind. Ein Leben lang werden wir aufgefordert sein, sie immer wieder neu in unser Leben hineinzuweben. Der Sinn unseres Lebens ereignet sich, wenn wir unser Leben leben und uns weigern, eine Kopie zu werden und ein Leben zu führen, das von Sachzwängen und Erwartungen bestimmt ist. Diese Lebensgrundhaltung allerdings können wir nicht festhalten: sie will in allen unseren Lebensphasen, unseren Entwicklungszeiten und sich verändernden Lebensumständen jeweils neu buchstabiert und ausgelebt werden. Zugleich dürfen wir vertrauen, dass uns immer wieder Sternstunden des Glücks geschenkt sein werden, in denen wir am Tag oder in unseren Träumen hellsichtig und feinfühlig sind, klar und entschieden, selbstbewusst und solidarisch.

Die Lebendigkeit der Seele führt uns zu uns selbst, zur Kraft der Liebe, die uns und unsere Beziehungen verwandeln wird. Von dieser Hoffnung erzählen die kurzen Texte in diesem Taschenbuch. Sie möchten unseren Blick öffnen für all das Wunderbare und Kraftvolle, das tief in uns angelegt ist und sich noch mehr entfalten möchte. Sie möchten uns zu einem leidenschaftlichen Leben bestärken, in dem beides Raum hat und Entfaltung findet: unser Lachen und Weinen, unser Vertrauen und unsere Empörung, unsere Kreativität und unsere Dünnhäutigkeit. Die Texte möchten uns verwurzeln in dem Urvertrauen, dass die Lösungen all unserer Fragen in uns schlummert und dass wir durch viel Frag-Würdiges hindurch immer mehr in die Antworten hineinwachsen werden. Diese

Grundhaltung nenne ich leidenschaftliche Gelassenheit. Wir können unsere Probleme nicht wegmeditieren. Wenn wir es wagen, uns auf sie einzulassen, wenn wir sie aus Distanz anschauen, wenn wir sie im Dialog von einer anderen Seite wahrnehmen, dann eröffnet sich uns eine neue Perspektive, die uns gelassener werden lässt. Dann stehen wir nicht über den Problemen, sondern wir entwickeln eine Kraft, sie anzugehen, durch sie hindurchzugehen, in einer gesunden Spannung von Zupacken und Geschehenlassen. Dann erahnen wir, dass es wohl auf uns ankommt, jedoch nie allein von uns abhängt. Wir dürfen auch auf die Kraft der Ewigkeit vertrauen im Verbessern unserer Lebensqualität im Hier und Jetzt.

Ein Teil dieser meditativen Texte ist schon in einer Geschenkbuchreihe des Herderverlages erschienen. Ich habe sie ergänzt und erweitert durch meditative Texte, die von der erotischen Lebenskraft erzählen. Ich habe sie davor in der spirituellen Zeitschrift „ferment“ (www.ferment.ch) veröffentlicht, zu deren Redaktionsteam ich gehöre. – Die Lebendigkeit unserer Seele spüren wir, wenn wir uns vom Leben mit all seinen hellen und dunklen Seiten berühren lassen. Sie ereignet sich, wenn wir sinnliche Menschen sind, die voll staunender Dankbarkeit auch das Geschenk der Sexualitiät genießen und gestalten können. Dieses Angerührtsein lässt auch den tieferen Hoffnungsgrund unseres Lebens erahnen, der uns trägt und verbindet.

Siro ermutigt mich, mein Leben zu leben. Als ich ihn bei einem Familienfest zum Spielen einladen wollte, winkte er mit den Worten ab: *„Ich bin zum Helfen da“*. So zeigt mir Siro: mein Leben leben und zum Helfen dasein, das sind keine Gegensätze, sondern lebensnotwendige Ergänzungen, um wirklich glücklich werden zu können.

Lausanne, 21. Juli 2007 Pierre Stutz

Lebe, was dich glücklich macht

Glückliche Menschen verweilen im Augenblick. Sie leben die Gabe des Staunens und der Achtsamkeit. Sie lassen sich anrühren vom Geschenkcharakter des Lebens, der sich jeden Tag neu eröffnet für all jene, die einen einfachen Lebensstil einüben und die danken können für die vielen alltäglichen Wunder.

Glückliche Menschen lassen sich zur Liebe bewegen. Es gelingt ihnen, zu sich selbst kommen, ganz sie selbst zu werden, um beziehungsfähiger zu sein, in gegenseitigem Wohlwollen und bei aller Konfliktfähigkeit. Sie vertrauen all jenen kostbaren Momenten des Lebens, in denen sie voll da sind – und ganz hin und weg.

Glückliche Menschen weichen dem Schmerz nicht aus. Sie entfalten Mitgefühl für alle Kreatur, weil sie sich zutiefst eingebunden wissen in Schöpfung und Kosmos. Sie erfahren die Fülle und Tiefe des Lebens auch, wo sie gemeinsamen weinen oder schreien, weil sie nicht einverstanden sein können mit dem, was ist. Auch darin erfahren Menschen intensive Nähe und gemeinschaftsstiftende Lebensqualität.

Glückliche Menschen erahnen, dass echtes Glück nie zu haben ist. Es ist nicht machbar, sondern ereignet sich ganz unerwartet in den Sternstunden des Lebens, in denen Menschen bei sich selber zu Hause sind; wer bei sich ist, wer sich wohlfühlt mit sich, wirkt einladend und kann gerade so auch gastfreundlicher sein.

Glückliche Menschen leisten aber auch Widerstand, um nicht gelebt zu werden durch menschenverachtende Konsumorientiertheit und Leistungsprogramme, die entfremden von den lebensnotwendigen Werten wie Frieden, Gerechtigkeit und Bewahrung der Schöpfung.

Glückliche Menschen schaffen sich einen Handlungs-Spielraum bei der Arbeit und in der Freizeit. Sie schaffen sich Leer- und Zwischenräume, die Begegnungen fördern, in denen wir uns das Wesentliche immer neu schenken lassen können.

Glückliche Menschen warten schließlich nicht auf die große Erleuchtung. Sie erkennen im Hier und Jetzt, im staunenden Dasein in der Gegenwart das große Wunder des Lebens, das miteinander gefeiert werden möchte, jeden Tag neu.

Wirkliches Glück

Ob ich wirklich glücklich sei?, fragt mich meine ehemalige Nachbarin.

Wirklich glücklich? Monatelang lässt mich diese Frage nicht mehr los. Langsam wachse ich durch das Leben in Antwortversuche hinein.

Ich bin glücklich, wenn ich frühmorgens staune über das Vogelgezwitscher. Glücklich bin ich, wenn ich nach völliger Verkrampfung endlich weinen kann. Ich bin glücklich, wenn ich zärtlich berührt werde, als wäre es das erste Mal. Glücklich bin ich, wenn ich durch eine Patenschaft einem Kind in Bolivien eine Ausbildung ermöglichen kann. Ich bin glücklich, wenn ich Worte finde für das Geheimnis unseres Lebens.

Ob ich wirklich glücklich bin?

Haus des Glücks

Fenster des Glücks
öffnen sich mir
im staunenden Genießen der Schöpfung
im zärtlichen Zusammensein
im solidarischen Teilen

Türen des Glücks
öffnen sich mir
im herzhaften Lachen beim Spielen
im Mitteilen meiner Verletzlichkeit
im Verweilen unter dem Sternenhimmel

Tag für Tag
möchte ich mich öffnen
für unser Haus des Glücks

Das Geschenk des Regenbogens

An einem heißen Sommertag sitze ich im Zug. Er fährt von der Sonne in ein heftiges Gewitter hinein: hinter mir die Sonne, vor mir der Regen. Mittendrin entdecke ich plötzlich einen großen Regenbogen.

Meinen ersten Gedanken kann ich nicht zurückhalten und sage laut: „Das gibt's doch nicht!"

Momente des Glücks! Ich wünsche mir in schwierigen Situationen, die unerwartet in mein Leben hineinbrechen, jene kraftvolle Erinnerung an den Regenbogen. Er leuchtet auf in allen Menschen, die die Zeichen der Versöhnung wahrnehmen und fördern.
Sie sind Wirklichkeit.

Hoffnungsstrahlen

Friedenslichter
strahlen hinein
in deine Konfliktsituationen
damit du Glücksfälle der Versöhnung erfährst

Vertrauensfunken
scheinen hinein
in die Herausforderungen des Berufsalltags
damit dir eine glückliche Hand geschenkt sei

Hoffnungsstrahlen
leuchten hinein
in deine ungelösten Fragen
damit eine unerwartete Antwort dich
beglücken kann

Die Kunst des Loslassens

Wir verbauen uns unser Glück, weil wir uns Tag für Tag vorstellen, wie sich unser Leben abspielen sollte. Meistens kommt es jedoch anders, und wir sind enttäuscht oder frustriert. Wir stellen feste Erwartungen vor uns hin und stehen dadurch unserem Glück selber im Wege.

Glücklich wird, wer offen ist für die Überraschungen des Lebens und wer der Kraft des Augenblicks traut. Glück ereignet sich im alltäglichen Einüben des Loslassens.

Echtes Loslassen wird allerdings nur möglich, wenn ich mich einlasse: auf das Leben, wie es mir im Hier und Jetzt entgegenkommt.

Die Überraschungen des Lebens

Öffne dich
für die Überraschungen des Lebens –
Momente des Glücks ereignen sich

Lass
feste Vorstellungen immer wieder los –
Stunden des Glücks verwirklichen sich

Trau
der Kraft deines Augen-Blicks –
Tage des Glücks entfalten sich

Staunendes Verweilen

Stundenlang schaue ich unserer Katze Mira zu. Sie führt ihre drei jungen Kätzchen in die Kunst des Lebens ein. Stunden des Glücks sind mir geschenkt.

Mit größter Sorgfalt nimmt sie eines nach dem anderen in die Nähe eines Baumes.
Eine Lektion im Klettern ist angesagt.
Mich beeindruckt, wie Mira ihren Jungen ein Gefühl der Sicherheit und Geborgenheit vermittelt und wie sie ihnen sehr schnell eine große Selbstständigkeit zumutet.

In diesen anstrengenden Momenten kommt das Spielerische nicht zu kurz und die Zärtlichkeit auch nicht. Dabei kann ich für mich lernen, mit Entschiedenheit und Leichtigkeit im Leben zu stehen. – Einmal mehr sind die Katzen mein Gebet!

Unerschöpfliche Quelle

Glücklich
wer mit Tieren und Bäumen
den Geschenkcharakter des Lebens feiert
jene unerschöpfliche Quelle
die verbindet mit Schöpfung und Kosmos

Glücklich
wer den göttlichen Lebensfluss in allem
entdeckt und feiert
jenes tiefe Eingebundenheit
das eine ökologische Achtsamkeit fördert

Ein Mensch blüht auf

Was gibt es Schöneres als die Anteilnahme am Aufblühen eines Menschen! Das Leben kann uns viel zumuten, uns verhärten und misstrauisch werden lassen. Welch ein Glück, wenn Menschen dank einer Atmosphäre des Vertrauens sich ansehen lassen und ihren verschlossenen Blick öffnen.

Welch ein Glück, wenn Menschen ihren Schmerz, ihre Enttäuschung anderen mitteilen können und dadurch innere Heilung erfahren.

Welch ein Glück, wenn Menschen spüren, dass sie nicht auf ihre Mängel reduziert werden, sondern dass ihnen Verwandlung, Zukunft verheißen ist.

Das Glück ist nicht machbar, doch echte Freundschaft fördert es.

Orte des Glücks

Orte des Vertrauens
wünsche ich dir
in denen du sein darfst
so wie du wirklich bist

Orte der Hoffnung
wünsche ich dir
in denen du einfühlsam andere
zum Aufblühen bestärken kannst

Orte des Glücks
wünsche ich dir
in denen du im Geben und Nehmen
dem Geheimnis des Lebens dankbar
begegnest

Das Glück ist nicht zu haben

Ganz überrascht lese ich, was ich selbst in meinem Tagebuch geschrieben habe.
Es ist folgender Satz: „Ich bin glücklich, wenn das Unglücklichsein in meinem Leben Platz haben darf."

Je mehr ich mich mit diesem Gedanken anfreunde, umso mehr erahne ich, was wahres Glück ist. Es ereignet sich im Genießen des Geschenkcharakters unseres Lebens und im Annehmen unserer Begrenztheit. So erfahre ich ein erfülltes und glückliches Menschsein, weil es Zeiten des Lachens und des Weinens, der Konflikte und der Versöhnung, des Hoffens und der Zweifel, des Suchens und Findens geben darf und immer geben wird.

Das Glück ist nie zu haben, es ist im Werden, jeden Tag neu.

Dankbarkeit empfinden

Glückliche Menschen
verinnerlichen alltäglich
dass Freud und Leid so nahe beieinander sind
weil dadurch leidenschaftliches Leben sich
ereignet

Glückliche Menschen
lernen Tag für Tag anzunehmen
dass Konflikte und Versöhnung zum Leben
gehören
weil dadurch Freiheit in Verantwortung
möglich wird

Glückliche Menschen
erkennen jeden Morgen voll Dankbarkeit
die Lebenskraft des Atems
der von irgendwoher kommt
weil das Wesentliche im Leben
ein Geschenk ist

Zeitloses Dasein

Ich schreibe und lese leidenschaftlich gern. Da bin ich in meinem Element. Einerseits kostet es mich Anstrengung und höchste Konzentration, andererseits geschieht in dieser Arbeit immer wieder das Wunderbare: Raum und Zeit sind wie aufgehoben.

Wer kennt nicht solche Sternstunden in seinem Leben und Arbeiten? Beim Lesen sind es jene Momente, in denen ich meine, dass diese Worte „nur" für mich geschrieben worden sind. Und wenn Lesende mir schreiben, sie fänden sich in meinen Worten wieder und meine Worte begleiteten sie auf ihrer Suche, dann schließt sich der Kreis des Glücks.

Mich vergessen können

Da sein können
Raum und Zeit sind wie aufgehoben
Momente des Glücks
bewohnen mich ganz

Mich vergessen können
in der Hingabe an das Leben
Minuten des Glücks
erfüllen mich zutiefst

Miteinander eintauchen
in die Kraft der Ewigkeit
Stunden des Glücks
verbinden mich mit allem Sein

Ja sagen zu meiner Endlichkeit

Glücklich bin ich, wenn ich ja sagen kann zu meiner Endlichkeit. Dies gelingt mir nicht immer; manchmal empöre ich mich über den Tod. Zugleich kenne ich Momente des Aufgehobenseins im Göttlichen, in denen das Werden und Sterben meinem Leben einen tiefen Zugang zum Glück eröffnet. Jenes Glück, das mich voll Mitgefühl zu kranken und sterbenden Menschen führt.

In solchen intensiven Begegnungen mit einer Fülle von Gefühlen, mit Ängsten und mit Hoffnungen, können wir miteinander lernen, dass das Sterben zu Leben gehört. Kostbar sind jene Momente, in denen Menschen ja sagen können zu ihrer Endlichkeit. Da öffnen sich Fenster zum ewigen Glück.

Die Kraft des Augenblicks

Innehalten
ein- und ausatmen
Leere aushalten
Leben und Sterben einüben

Lachen und weinen
lieben und leiden
Spannung aushalten
Leben und Sterben kultivieren

Glücklich
wer das Leben voll ausschöpft
weil es vergänglich ist
im Hier und Jetzt ewig da

Meine Oase auf dem See

Die Dampfschiffe auf dem Genfersee sind im Sommer meine Oasen. Einmal in der Woche gönne ich mir eine Fahrt im Liegestuhl! Der Wind bläst meine Alltagssorgen sehr schnell weg, und es gelingt mir, einfach da zu sein: die höchste Stufe des Glücks.

Das Rauschen des Wassers, die Möwen als Begleiter, viele Begegnungen von Jung und Alt erinnern mich an die Kraft des Sabbats, ans Genießen, das wir Menschen zum Glücksein brauchen. Beim Daliegen in der Sonne fliegen mir Worte der Mystikerin Mechthild von Magdeburg (1207–1282) zu: „Gott leuchtet in meiner Seele wie die Sonne auf dem Golde."

Meine Oase bestärkt mich, im Alltag das Leuchten Gottes in allem zu erkennen.

Das Leben feiern

Gönne dir
Oasen des Glücks
wohltuende Momente des Verweilens
die zu zärtlicher Freundschaft befreien

Gönne dir
Räume des Glücks
zeitlose Stunden der Begegnung
die zu Toleranz und Mitgefühl bewegen

Gönne dir
Orte des Glücks
bestärkende Zeiten des Feierns
die Erde und Himmel verbinden

Kraftvolle Gastfreundschaft

Beim Brotbacken bin ich glücklich.
Da begegne ich den verschiedenen Seiten unseres Lebens. Beim Zubereiten des Teiges braucht es meine ganze Kraft, ich komme sogar ins Schwitzen. Danach geschieht nur etwas, wenn ich nichts tue und den Teig aufgehen lasse. Der Durchgang durch das Feuer ist notwendig, damit echte Nahrung für Leib und Seele entstehen kann. Das Olivenöl, das ich auf das gebackene Brot streiche, erzählt vom lustvollen Genießen.

Mein Glück vollendet sich, wenn die Gäste beim Essen meine Arbeit schätzen und Gemeinschaft entsteht.

Sternstunden der Vertrautheit

Tiefes Glück erfahren
einander Brot und Wein sein
Hoffnung stiftende Nahrung sein
die zur Gemeinschaft bewegt

Kraftvolles Glück erleben
beim Essen und Trinken
Sternstunden der Vertrautheit erfahren
Offenheit und Anteilnahme fördern

Wohltuendes Glück erkennen
Tränen der Freude und des Schmerzes teilen
kraftvolle Gastfreundschaft erleben
die Menschen zusammenführt

Mitfühlend werden

Leidensfähig werden
den Zugang zu den eigenen Gefühlen finden
den seelischen Schmerz nicht mehr über-
spielen
ihn ausdrücken mit aller Kraft

Mitfühlend werden
durch die Annahme des eigenen Leides
die Nähe zu anderen Trauernden finden
die heilend sein kann

Mithoffend sein
im mutigen Angehen der Fragen
in der Entscheidung für mehr Lebendigkeit
im Vertrauen in die Veränderung

Friedensschritte

Meine Sehnsucht nach Glück führt mich zu Friedensdemonstrationen. Wenn Tausende von Menschen ihrer Empörung und Hoffnung Ausdruck verleihen, dann wächst mein Vertrauen in eine Welt, in der die Menschenrechte und die Bewahrung der Schöpfung gefördert werden.

Wenn vor mir ein älteres Ehepaar mit Wanderstab und ein Vater mit seiner dreijährigen Tochter auf den Schultern für den Frieden unterwegs sind, dann prägt sich dieses Bild tief in meine Seele ein. Ich ahne, warum der Mann aus Nazaret jene Menschen glücklich pries, die hungern und dürsten nach Frieden.

Ein echter Weg zum Glück bewegt zu einer zärtlich-gerechteren Welt.

Pfade des Glücks

Schritte zum Glück
wünsche ich uns
im kreativen Widerstand
für eine menschenfreundlichere Welt

Pfade des Glücks
wünsche ich uns
im herzhaften Engagement
für die Freundschaft mit Tieren

Wege zum Glück
wünsche ich uns
im Erkennen der Friedenskraft
die auf allen Kontinenten wächst

Lebe, was dir Freude schenkt

Freude ist eine dankbare Wegbegleiterin auf unserem Lebensweg. Sie durchbricht all unser Planen, unsere ernste Geschäftigkeit und erinnert uns, dass wir alle viel mehr sind als unsere Leistung. Sie löst unsere Verkrampfungen auf; durch die Schönheit der Schöpfung, durch die Tiere, durch das Lächeln eines Mitmenschen, durch eine Atempause holt sie uns hinein in den großen Lebensfluss, der uns erfüllt mit tiefer, innerer Zufriedenheit.

Freude stellt uns auf die Füße und lässt uns erfahren, wie wir getragen sind – vor allem Tun. Freude weitet unseren Blick himmelwärts, damit wir über uns selber hinauswachsen können.

Dabei sind Freude und Trauer Zwillingsschwestern, die eine ist ohne die andere nicht anzutreffen. Beides brauchen wir zum Leben, die Lebensfreude, die uns zur Leichtigkeit anstiftet, und die Gabe der Tränen, die uns einander näher bringt, damit wir im Lachen und Weinen intensives Leben erfahren.

Freude nährt sich von der Gabe des Humors. Glücklich, wer auch über sich selber lachen kann. Glücklich, wer andere zum Lachen bringt, auch im gemeinsamen Spielen, das uns zeitlose Momente schenkt.

Freude wohnt in der Tiefe unseres Seins. Im schweigenden Innehalten wächst jene Zustimmung zum Leben, die auch andere begeistern kann für eine menschenfreundlichere Welt. Freude entfaltet sich in den vielen Melodien der Musik, die uns beflügeln und uns die Kraft der Ewigkeit erfahren lassen, die Grenzen sprengt und Menschen auf allen Kontinenten miteinander verbindet. Freude beginnt mit einem Lächeln, das Misstrauen und Angst verwandeln kann. Freude schenkt der Kunst jene Kreativität, die uns erleben lässt, dass Raum und Zeit wie aufgehoben erscheinen.

Freude breitet sich aus nach anstrengenden Zeiten, in denen wir verwirklichen konnten, was tief in uns angelegt ist.

Freude wartet auf uns, jeden Tag.

Lebensfreude ist ein Geschenk

Mich freuen können am Leben ist für mich ein großes Geschenk. Ich kann es weder kaufen noch planen. Meine Lebensfreude wächst Tag für Tag, wenn ich staunen kann über die vielen alltäglichen Wunder. Meine Freude am Dasein vertieft sich, wenn ich der Dankbarkeit einen großen Entfaltungsraum verleihe in all meinen Beziehungen.

Meine Lebensfreude bleibt ein Geheimnis, das sich mir ganz unerwartet öffnet.

Staunen und Dankbarkeit erweisen sich als die Schlüssel zum Tor meiner Freude.

Die Schönheit feiern

Nicht ein Leben lang
auf die großen Wunder warten
mitten im Alltag
das Wunderbare entdecken

Nicht ein Leben lang
auf die große Erleuchtung warten
mitten im Auf und Ab
die Schönheit der Schöpfung sehen

Nicht ein Leben lang
in der Zukunft verbringen
mitten im Suchen erkennen:
das Wesentliche ist schon da

Beglückende Leichtigkeit

Lebensfreude
wünsche ich dir
dankbares Staunen
im Entdecken
der Tiefendimension des Lebens

Lebensfreude
sei dir geschenkt
beglückende Leichtigkeit
im Annehmen der Schwere
die auch zum Lebensrhythmus gehört

Heilende Grünkraft

Beim Wandern wächst in mir eine tiefe Freude. Ich fühle mich getragen, und je länger ich gehe, umso mehr kann ich auch meine Sorgen gehen lassen. Ich freue mich an der heilenden Grünkraft, die mich mein Leben in einer tieferen Verbundenheit wahrnehmen lässt. Ich werde leicht, weil ich den Druck des Alltags und die Schwere abgeben kann.
„Leichtigkeit ohne Schwere ist Kitsch", sagt der Schriftsteller Milan Kundera.
Beim Wandern gehe ich entlang der Freude, die mir durch die grenzenlose Pracht in der Schöpfung entgegenkommt.
Ich muss sie nicht suchen, sondern werde von ihr gefunden und heimgeholt!

Beweglich bleiben

Freue dich
an deiner Beweglichkeit
fördere
deine Spontaneität
sei offen
für die Überraschungen im Leben

Sei gut mit dir
begegne dir mit Wohlwollen
auch in Zeiten der Krise
deine Lebensfreude wird leise
wachsen und reifen können

Ein Lächeln genügt

Meine Freude wird Kreise ziehen, wenn ich mir, den anderen, dem Leben zulächeln kann. Ein Lächeln verwandelt meine Sicht der Welt. Auf einmal sehe ich nicht nur, was fehlt, sondern was schon alles da ist. In dem wunderbaren Buch „Monsieur Ibrahim und die Blumen des Koran“ von Eric-Emmanuel Schmitt, das auch verfilmt wurde, lehrt der alte Kolonialwarenhändler Ibrahim dem zwölfjährigen Moses die Kunst des Lächelns. Sie ermutigt uns, die Freude im Teilen zu erfahren. So sagt Ibrahim tiefsinnig: „Was du verschenkst, Moses, bleibt immer dein Eigen; was du behältst, ist für immer verloren.“

Lachanfälle

Ausbrechen können
aus dem Gefängnis des Verkrampftseins
befreit werden
durch ein herzhaftes Lachen
das Menschen verbindet

Sich krümmen vor Lachen
um innerlich aufgerichtet zu werden
ansteckende Gesundheit erleben
in aufatmenden Momenten
die die Verbissenheit verwandeln

Lache auch heute dem Leben zu

Die Lebenskunst der Ziegen

Mit entschiedenen Schritten wollte ich zurück zum Arbeitsplatz. Doch die jungen Ziegen halten mich auf. Sie sprühen vor Lebensfreude: Aus dem Stand springen sie in die Luft und erweitern so ihren Handlungsspielraum. Zweckfreies Dasein, „ohne Warum“, wie Meister Eckhart es ausdrückt. Ich verliere mein Zeitgefühl, eine ausgelassene Freude bewohnt mich. Unser Alltag wäre weniger bestimmt durch Resignation und Frustration, wenn wir mehr Luftsprünge wagten!
Wer verbietet sie uns eigentlich?

Selbstvergessenheit

Selbstvergessenheit
wünsche ich dir
Stunden der Ausgelassenheit
die dich federleicht werden lassen
Zeiten des Beflügeltseins
die dir Erholung schenken

Selbstvergessenheit
sie dir geschenkt
Momente des Angerührtseins
voller Lebensfreude
die deine Widerstandskraft stärken
für ein toleranteres Miteinander

Selbstvergessen und voller Achtsamkeit
mitten im Leben sein

Gegenseitiges Verständnis

Seit Jahren haben wir uns nicht mehr gesehen. Unsere Begegnung freut mich sehr. Die Zeit scheint stillgestanden zu sein. Wir verstehen uns, ein Wort ergibt das andere. Eine Seelenverwandtschaft wird spürbar, die wohltuend nachklingt. Heimat erfahre ich da, wo ich verstanden werde und einen anderen Menschen trotz vieler Verschiedenheiten verstehen kann.

Solche Begegnungen nähren meine Freude, sie lassen Raum und Zeit wie aufgehoben erscheinen und erinnern mich an die Worte von Hildegard von Bingen (1098–1179): „Als Gott dem Menschen ins Angesicht schaute, gefiel er Ihm sehr gut."

Die Kraft der Freundschaft

Freundschaft
wünsche ich dir
befreiendes Angenommensein
im gegenseitigen Zuhören
zärtliches Entgegenkommen

Freundschaft
sei dir geschenkt
vertrauensvolle Beheimatung
in verbindender Freiheit
die dich aufblühen lässt

Freundschaft belebt
die Freude am Menschsein

Durchhaltevermögen

Eine tiefe Freude breitet sich aus nach einer bestandenen Prüfung, nach dem gelungenen Abschluss eines Projektes. Wenn wir miteinander trotz Zweifel und Bedenken einem anspruchsvollen Ziel entgegen gehen, dann ist die Freude bei der Ankunft besonders gross. Sie kann viel länger anhalten, als wenn alles rund lief. Sie lehrt uns mit beharrlicher Geduld dranzubleiben, um auch an Rückschlägen wachsen zu können. Manchmal können sogar Widerstände uns noch entschiedener zum Ziel führen. Nach intensiven Anstrengungen lässt sich die Festfreude noch mehr auskosten.

Lass dich nicht beirren

In Zeiten der Selbstzweifel
wünsche ich dir den langen Atem
um trotz Durststrecken
an deinen Idealen festhalten zu können

In Zeiten der Verunsicherung
wünsche ich dir eine Weggefährtenschaft
die mit Entschiedenheit und Humor
das Ziel nicht aus den Augen verliert

Deine Freude wird noch
tiefer verwurzelt sein

Tanz des Lebens

In unserer Gesellschaft brauchen wir eine Kultur der Lebensfreude, die nicht mit dem Zwang zum Spaß verwechselt werden darf. Echte Lebensfreude verwirklicht sich, wenn wir uns nicht nur durch Leistung definieren, sondern uns zur Leichtigkeit des Seins bewegen lassen. Die Mystikerin Madeleine Delbrêl (1904–1964) sagt es mit bezaubernden Worten: „Wir haben aus unserem Leben eine Turnübung gemacht und dabei vergessen, dass es in den Armen Gottes getanzt sein will.“ Das Leben als Tanz zu sehen, heißt nicht nur vorwärts kommen zu wollen, sondern auch seitwärts und sich drehen zu können, um offen zu sein für die Mitwelt.

Freude ausstrahlen

Heute
berührt werden zur Freude
im Verweilen am Brunnen
im Genießen der Gastfreundschaft
im Aufstehen für die Menschenrechte

Heute
angestiftet werden zur Freude
im Zeithaben zum Aufatmen
im Aufgehen in der Arbeit
im mitfühlenden Dasein

Heute einfach
Freude ausstrahlen

Tastend nach Sinn

Die Widerwärtigkeiten, die Menschen einander antun können, setzen mir immer wieder schwer zu. Die himmelschreienden Umweltkatastrophen lähmen mich. Mein Einverständnis mit dem Leben kommt ins Wanken. Ich taste nach Sinn. Erst recht halte ich dann Ausschau nach guten Nachrichten, nach Menschen, die trotz allem sich engagieren und dadurch der Freude eine Chance geben. Der Dichter Pablo Neruda (1904–1973) ermutigt mich dazu: „Hoffen musst du, bekennen, dass Liebe und Verständnis dem Grund entsteigen, der Tiefe, und in unserem Inneren wachsen."

Einander die Tränen abwischen

Tränen können Zeichen eines Neubeginns
sein.
Sie sind Grundwasser unserer Seele.
Menschwerdung ist für mich ein Geburts-
prozess,
der von der Verheißung leben darf,
dass Gott unsere Tränen abwischt,
auch durch Freundinnen und Freunde.
Ein Geburtsprozess lebt auch von der
Zumutung,
sich ins Leben hineinzubegeben,
ins Leben mit seiner wunderbaren Schönheit
und
seinem geheimnisvollen Schmerz.
Tränen fließen lassen ist kein Zeichen von
Schwäche
für die wir uns entschuldigen müssen.
Der Tränenfluss ist ein Ausdruck unserer
Lebendigkeit,

der auch dem Dunkel dieser Welt nicht ausweicht.
Spirituelle Menschen lassen sich neu gebären
im Zeigen ihres wahren Gesichtes.
Sie werden befreit zum authentischen
Dasein,
mit seinem einmaligen Ansehen und mit
seiner Bedürftigkeit.

Inspiriert von Jesaja 25,8:
„Gott wischt die Tränen ab von jedem Gesicht.“

Freud und Leid

Leben mit Tiefgang
ereignet sich
im Annehmen von Freud und Leid
im Integrieren von Licht und Schatten

Leben in Fülle
entfaltet sich
im herzhaften Lachen
im befreienden Weinen

Freud und Leid
umarmen sich

Zufrieden sein

Sich wohl fühlen in seiner eigenen Haut, ja sagen können zu sich selber ist keine Selbstverständlichkeit. Sich selber Anerkennung zusprechen, verstärkt unsere innere Freude, die zu einer natürlichen Ausstrahlung führt. Hildegard Knef singt:
„Heute gefall ich mir
und wenn man mir es ansieht,
kann ich nichts dafür."
Es ist entlastend, mir selber sagen zu können, dass mein Beitrag genügt. Echte Freude gewinnt an Kraft, wenn ich mich annehme mit all meinen Ecken und Kanten. Sie erlaubt auch anderen die Befreiung von zu hohen Ansprüchen.

Sich selber lieben

Selbstliebe
wünsche ich dir
jene wohltuende Freude
über dein Dasein in aller Begrenztheit

Selbstliebe
sei dir geschenkt
jene befreiende Zufriedenheit
die dich versöhnt mit deinem Leben

Echte Selbstliebe stiftet
Gemeinschaft und Solidarität

Aufgehoben in der Musik

Musik kennt keine Grenzen, sie führt Menschen verschiedener Kulturen zusammen, sie bewegt zu hoffnungsvoller Lebensfreude. Vom „Tripel-Konzert“ von Ludwig van Beethoven, von der Musik zum Film „Amélie Poulain“ von Yann Tiersen oder den Liedern von Edith Piaf kann ich nie genug kriegen. Die Kraft des Wiederkehrenden lassen mich mit Leib-Geist-Seele in Einklang mit mir selber und der Welt sein. Musik eröffnet mir Fenster zum Himmel. Musik lässt mich beschwingt und lebensfroh werden. Ich bin aufgehoben im Hier und Jetzt, das mich auf die Ewigkeit verweist.

Wachsendes Urvertrauen

Urvertrauen
wünsche ich dir
dank vieler Friedeninitiativen
die den Egoismus überwinden

Urvertrauen
sei dir geschenkt
dank vieler Hoffnungsgeschichten
die unaufhaltsam verwirklicht werden

Urvertrauen und Lebensfreude
verbinden sich

Gesegnet sein

Eine Freude kann mir nicht genommen werden: Es ist die tiefe Hoffnung, dass ich wie alle Menschen gesegnet bin vor allem Tun. Ich bin in meiner Einmaligkeit beim Namen gerufen, um in meinem Engagement über mich selber hinauswachsen zu können, zur Freude vieler Menschen. Zeitlos bleibt für mich die Verheißung aus dem Psalm 105,3: „Alle, die Dich suchen, sollen sich von Herzen freuen." All mein Suchen, Hoffen, Zweifeln und Vertrauen verdichtet sich im Verinnerlichen dieser Lebensworte. Dabei freue ich mich, dass ich vor meiner Suche gefunden bin vom Urgrund allen Lebens.

Freude zieht Kreise

Freuen werden sich
alle gastfreundlichen Menschen
die Glück im Teilen erfahren
ihre Ausstrahlung wird beeindrucken

Freuen werden sich
alle tiefsinnigen Menschen
die die Kraft der Liebe feiern
die sogar stärker ist als der Tod

Freude zieht unaufhaltsam Kreise
jeden Tag neu

Lebe, was dir Kraft gibt

„Unsere tiefgreifende Angst ist nicht, dass wir ungenügend sind. Unsere tiefgreifende Angst ist, über das Messbare hinaus kraftvoll zu sein. Es ist unser Licht, nicht unsere Dunkelheit, die uns am meisten Angst macht.“, sagt Nelson Mandela allen Südafrikanerinnen und Südafrikanern bei seiner Antrittsrede. Das sind ungewohnte Worte, die mich zunächst verunsichert haben, weil ich die Angst vor meinen Grenzen, meinen Abgründen, meiner Verletzlichkeit gut kenne. Je länger ich diesen Worten nach-gehe, umso mehr entdecke ich, dass ich auch Angst vor der Stärke in mir habe. Ich habe immer gelernt, mich zurückzunehmen, meine Fähigkeiten und Gaben zu verstecken. „Hochmut kommt vor dem Fall ...“ war einer der prägenden Sätze, die mich darin hinderten, meine Lebenskraft voll Dankbarkeit zu entfalten. Ich entdecke darin auch ein lebensbehinderndes Verständnis von Demut. Das Wort Demut heißt auf Latein „humilitas“, was „erdverbunden“ bedeutet. Demütige Menschen sind voll in ihrem Element, sie sind ein-

gebunden in Schöpfung und Kosmos und sie stehen zu ihren Gaben, die sie zum Wohl der ganzen Gemeinschaft entfalten. Unsere Welt, die geprägt ist von Resignation und Ohnmacht, braucht dringend Menschen, die aus ihrer inneren Kraft leben, die standhaft und beweglich sind. Wir können einander gegenseitig unterstützen, damit diese geschenkte Lebenskraft zum Leben erweckt wird. Sie darf nicht verborgen bleiben und nicht blockiert werden aus Angst, etwas Falsches tun zu können.

„Du bist ein Kind Gottes. Dich selbst klein zu halten, dient nicht der Welt. Wenn wir von unserer eigenen Angst befreit sind, befreit unsere Gegenwart automatisch andere“, meint Nelson Mandela weiter.

Es tut mir weh zu sehen, wie viele Menschen hinter ihren Entfaltungsmöglichkeiten zurückbleiben, aus Angst, nicht zu genügen. Es schmerzt mich zu sehen, wie viele Menschen sich mit dem Mittelmaß abfinden. Sie verhindern dadurch ihre eigene Entfaltung und beeinträchtigen die solidarische Kraft, die heute so notwendig ist. Wir brauchen leidenschaftliche Menschen, die sich aus ihrem inneren Feuer („feu sacré“) heraus, an große Dinge wagen, damit eine andere Welt möglich wird. Die eigene Lebendigkeit ist der Nährboden zu mehr Kreativität, mehr Toleranz und Lebensfreude auf dieser Welt.

Sie fließt, wenn sie verschenkt wird.

Räume der Lebendigkeit

Tag für Tag versuche ich, einzutreten in meine Räume der Lebendigkeit. In uns allen ist ein unerschöpfliches Potential an vielfältigen Talenten und großer Kreativität vorhanden. Der Sinn unseres Lebens zeichnet sich ab im Entfalten dieser Lebenskraft. Wenn ich zu sehr abhängig bin von der Meinung der anderen, blockiere ich diese Gaben und verpasse die Chance, sie weiterzuschenken.

Der Zugang zu meinen Räumen der Lebendigkeit, zu meiner Lebenslust bringt mich darum nicht nur mit meiner Lebenskraft in Berührung, sondern auch mit meinen lebensbehindernden Mustern. Echte Lebendigkeit entdecke ich in dieser Vielfalt: in meiner Lebensenergie und in meinen Blockierungen.

Lebendig werden

Lebendig werden
die innere Tür öffnen
zu meiner sprudelnden Quelle
der Kreativität und des Mitgefühls

Lebendig werden
mich konfrontieren lassen
um meinen lebensbehindernden Mustern
nicht hilflos ausgeliefert zu sein

Lebendig werden
meine vielfältigen Seiten integrieren
meine Lebensenergie fließen lassen
den Geschenkcharakter allen Lebens feiern

Im Hier und Jetzt

„Mein Atem heißt JETZT", schreibt die jüdische Dichterin Rose Ausländer. Der lange Weg zu meiner Lebendigkeit hat schon längst begonnen. Er erneuert sich Schritt um Schritt in meinem tiefen Ein- und Ausatmen. Diesem Geschenkcharakter meines Lebens schenke ich mehr Bedeutung, wenn ich täglich einübe, der Kraft des Augenblicks, des Hier und Jetzt zu trauen. Wenn ich mich wie abgeschnitten fühle von mir selber, den anderen und dieser Welt, dann hilft mir das bewusste Ein- und Ausatmen, zur gegenwärtigen Lebenskraft zu gelangen – zu jener Lebenskraft, die mich einlädt, auf meinen Leib zu achten, auf meine Körperhaltung, auf meinen Atemfluss.

Meinem Atemfluss trauen

Der Kraft meines Augenblicks trauen
innehalten
meine Lebendigkeit spüren
im tiefen Ein- und Ausatmen

Die Verabredung mit dem Leben wahr-
nehmen
hineinatmen
in mein Verspanntsein
gelassener im Leben stehen

Meine Lebenskraft nicht mehr zurückhalten
aufatmen
mich einbringen mit meinen Stärken und
Schwächen
mitgestalten an einer friedvolleren Welt

Dem Leben nicht ausweichen

„Du wirst keinen Frieden finden, wenn du dich dem Leben entgegenstellst", sagt Virginia Woolf zu ihrem Mann Leonard in dem eindrücklichen Film „The Hours – Von Ewigkeit zu Ewigkeit". Dem Leben nicht ausweichen bedeutet für sie, sich gemeinsam der Bedrohung ihrer Suizidversuche zu stellen.

Intensivste Lebendigkeit ereignet sich oft in den Grenzsituationen meines Lebens. Da sind nicht billige Antworten gefragt, sondern die zutiefst menschliche Grundhaltung, dem Leben zuliebe auch Schwieriges aushalten zu können. Virginia und Leonard drücken diese Verbundenheit in der Verschiedenheit aus, in dem beide weinen. Lebendigkeit zeigt sich auch in unseren Tränen.

Nicht mehr blind und stumm

Jahrelang habe ich mich abgewertet,
konnte nicht sehen, wie wunderbar mich
Gott geschaffen und gestaltet hat.
Ich war blind, taub und stumm für meine
Selbstwerdung,
weil ich mich durch lebensbehindernde
Aussagen beirren ließ.
Meine Seele sprach durch meinen Leib und
meine Depressionen.
Sie ließ mich berührt sein von den
prophetischen Verheißungen,
die von einem lebensbejahenden Gott
erzählen,
der uns sehen lässt, was wirklich ist,
der uns aufhorchen lässt auf seine Herzens-
stimme,
der uns aussprechen lässt, wer wir zutiefst
sind.
Spirituelle Menschen lassen sich konfron-
tieren durch ihre blinden Flecken,

durch ihr verstocktes Ohr, durch ihren verschlossen Mund.
Sie lassen ihr versteinertes Herz aufweichen durch jene göttliche Stimme, die uns sagt:
„Ich liebe dich so wie du jetzt bist."

Inspiriert von Jesaja 35,5–6:
„Dann werden die Augen der Blinden geöffnet,
auch die Ohren der Tauben sind wieder offen,
die Zunge des Stummen jauchzt auf."

Der Verwandlung trauen

Verwandlung ist dir verheißen
eine Spur zeigt sich dir
die hinausführt aus Ohnmacht und
Verlorenheit
zu deiner inneren Kraft

Verwandlung ist dir zugesagt
eine neue Lebenserfahrung eröffnet sich dir
die befreit vom Irrtum
alles unter Kontrolle zu haben

Verwandlung ist dir versprochen
ein Weg in die eigene Tiefe
wo du einfach sein darfst
in Stärke und Verletzlichkeit

Dem Leben zuliebe

Dem Leben zuliebe
einander zärtlich begegnen
echte Lebendigkeit erfahren
im Lachen und Weinen

Dem Leben zuliebe
schwierige Fragen aushalten
leise vertrauend
miteinander in die Antworten
hineinwachsen

Dem Leben zuliebe
den Grenzsituationen nicht ausweichen
hoffnungsvoll erahnen
wie wir daran wachsen und reifen können

Zur Lebendigkeit gerufen

Sich mit Leib und Seele freuen an seinen Fähigkeiten, sie genießen, sie weiterschenken, damit auch andere zur eigenen Lebendigkeit angestiftet werden, das hat nichts mit Egoismus zu tun. Darum sagt der frühchristliche Theologe Irenäus von Lyon zurecht: „Gottes Ehre ist der lebendige Mensch."

Egoisten sind gefangen in sich selber. Aus Angst, zu kurz zu kommen, drehen sie sich um sich selber und blockieren dadurch ihr tiefstes Lebensglück. Ganz anders der spirituelle, lebendige Mensch. Er entdeckt in sich immer neue kreativen Seiten, die zum Wohl der ganzen Gemeinschaft entfaltet werden.

Ich selbst werden

Meine Fähigkeiten nicht mehr länger
verstecken
nicht mehr länger auf die Erlaubnis anderer
warten
meine Gaben zur Lebenshingabe werden
lassen
mich mit meiner ganzen Lebenskraft entfalten

Meine Talente nicht mehr länger zurück-
halten
in der Tiefe meines Seins erahnen
wie sich der Sinn des Lebens ereignet
im Weiterschenken meiner vielseitigen Stärken

Meiner Selbstwerdung nicht mehr im Wege
stehen
auch wenn Widerstand sich zeigt
noch mehr Geradestehen für meine
Kreativität
damit immer mehr Menschen aufstehen für
echtes Leben

Schmerzvolle Heilung

In meiner Kindheit waren die Winter noch so richtig kalt. Beim Spielen im Schnee erfroren mir meine Finger fast, immer wieder. Obwohl sie dann nicht mehr so beweglich waren, ließ sich eine Weile ganz gut damit weiterspielen. Unglaublich schmerzvoll waren dann die Momente, als in der warmen Stube durch die Wärme neue Lebensenergie in meine eingefrorenen Finger floss. Ich weinte vor Schmerz.

So habe ich als kleiner Junge schmerzvoll-befreiend gelernt, dass echte Heilung zu neuer Lebendigkeit mir zunächst auch weh tun kann. Dies hilft mir bis heute, mit meinen Blockierungen wohlwollend umgehen zu können.

Die erschlafften Hände wieder stark

Hände sind für mich ein eindrückliches
Symbol unserer Menschwerdung.
Sie können sich öffnen und verkrampfen,
sie können gelähmt sein und voll geballter
Wut,
sie können heilend nah sein und beziehungs-
stiftend.
Hände möchten zupacken und zärtlich sein,
sich bewegen und ruhen.

Unsere Lebenslinien sind eingezeichnet in
ihnen.
Beim Massieren meiner Hände finde ich
einen Zugang zu all meinen Organen.
Meine Blockierungen können gelöst werden,
meine Hände öffnen sich himmelwärts.

Hoffende Menschen berühren ihre Hände,
sie nehmen ihre Stärke und Zerbrechlichkeit
ganz bewusst wahr.

Ja sagen zu meinen Händen, sie annehmen so
wie sie sind,
ihnen danken, das ist für mich ein Gebet.

Spirituelle Menschen nehmen ihr Leben in die
Hand,
wohl ahnend, dass es in den Händen Gottes
gut aufgehoben ist.

Inspiriert von Jesaja 35,3:
„Macht die erschlafften Hände wieder stark
und die wankenden Knie wieder fest!"

Mich befreien lassen

Mich befreien lassen
von der Angst vor Veränderungen
Schritt für Schritt mir jene Zeit lassen
die meine Schutzmechanismen verwandeln
kann

Mich befreien lassen
von der Ungewissheit und den Zweifeln
mich hinausführen lassen aus einengenden
Strukturen
einer neuen Lebensqualität entgegen

Mich befreien lassen
zu jener gemeinschaftsstiftenden
Lebendigkeit
die mir geschenkt wird
im Loslassen von lebensbehindernden
Vorstellungen

Meine Lebendigkeit ausdrücken

„Die Malerei? Hier finde ich eine neue Freiheit. Es gibt kein Urteil, während ich zeichne, da bleibt der Blick des anderen abwesend“, sagte die französische Schauspielerin Juliette Binoche.

Sie weist einen Weg zu jener inneren Freiheit, in der jede und jeder ureigene Formen findet, um ihrer und seiner Lebendigkeit Ausdruck zu verleihen. Es gehört zur Tragik unserer Zeit, dass wir zu schnell alles bewerten oder nach dem Zweck fragen: Was bringt das?

Unsere Seele braucht Entfaltungsräume, in denen wir uns ausdrücken können: im Malen, Singen, Musizieren, Reisen, Spiel und Sport, im Töpfern, Massieren, Schreiben, Basteln und Gestalten finden wir sie.

Mich gehen lassen

Mich gehen lassen
meine Gefühle ausdrücken
mich hineinbegeben in den Fluss des Lebens
der Leichtigkeit des Werdens eine Chance
geben

Mich gehen lassen
meine künstlerischen Seiten entfalten
aufblühen in meiner Kreativität
die auch anderen zur befreienden Wohltat
wird

Mich gehen lassen
meiner Intuition trauen
meine gelungenen und widersprüchlichen
Erfahrungen
in einem größeren Ganzen sehen

Leben,
nicht gelebt werden

Lebendige Menschen suchen in ihrem Berufsalltag, in ihrer Familie, in ihrem Freundeskreis und in ihrem Engagement nach Momenten des Innehaltens, um nicht Tag für Tag durch Sachzwänge und Ansprüche gelebt zu werden. In uns allen wohnt in der Tiefe jene Lebendigkeit, die Widerstandsformen entfaltet, um nicht dauernd nur zu re-agieren im Leben, sondern vermehrt zu agieren aus der eigenen Mitte, aus der göttlichen Quelle heraus.

Wer hindert mich daran, mein Leben in die Hand zu nehmen, mich zu verabschieden von der Opferrolle, um mein Leben nicht als Kopie der Erwartungen zu beenden, sondern um ein Leben lang ein Original zu bleiben?

Aus meiner Mitte leben

Aus meiner Mitte leben –
mitten im Alltag
mir ein kurzes Innehalten gönnen
ein Schöpfen aus meiner inneren Quelle

Aus meiner Mitte leben –
verantwortlich umgehen mit mir
mich nicht leben lassen
durch Allmachtsfantasien

Aus meiner Mitte leben –
den alltäglichen Zugang zu meinen Quellen
finden
der mich bestärkt und ermutigt
mich auch für die Rechte aller Menschen
einzusetzen

Begrenzt sein

Begrenzt sein
angewiesen auf Unterstützung
aufatmen können
in Nähe und Distanz

Begrenzt sein
eingebunden in den Rhythmus
von Tag und Nacht
von Einsatz und Erholung

Begrenzt sein
hoffend auf Verwurzelung
im gemeinsamen Suchen und Ringen
in Freiheit und Gehaltensein

Lebendige Konfliktfähigkeit

„Eins kann ich dir sagen: Wenn du einen Menschen richtig kennen willst, musst du dich auch mal mit ihm gezankt haben. Dann erst kannst du urteilen“, schreibt die 14-jährige Anne Frank in ihrem Tagebuch.

Welch eine Lebensweisheit, die von einem lebensfeindlichen Harmoniebedürfnis befreit! Echte, lebendige, partnerschaftliche und tolerante Beziehungen zeichnen sich durch eine wohlwollende Konfliktfähigkeit aus. Da liegt die Wurzel zu einem echten Frieden in Gerechtigkeit auf der ganzen Welt. Das Fördern einer lebendigen Identität verweist immer auch auf Verschiedenheiten. Echte Identitätsbildung hat keine Angst vor dem Fremden, sie freut sich über das Verbindende in allen Kulturen.

Echte Versöhnung

Mich versöhnen
mit den vielen Seiten in mir
mich freuen an meinen Stärken
mich anfreunden mit meinen Schwächen
im Annehmen meiner Selbst
mitgestalten am weltweiten Frieden

Mich versöhnen
mit den Ungereimtheiten meiner Geschichte
erkennen wie sogar in mühsamen Be-
ziehungen
meine Lebendigkeit gestärkt worden ist
die mich mitwirken lässt
an einer toleranteren Welt

Erotische Lebenskraft

Lieben und sich lieben lassen ist ein Ziel jeder Lebendigkeit. Die erotische Lebenskraft beflügelt dazu. Sie bewegt uns, die engen Räume der Absicherung zu verlassen, und lässt uns über uns selbst hinauswachsen. Die Erotik ist jene schöpferische Kraft Gottes, die uns zutiefst berührt in Augen-Blicken, zärtlichen Berührungen, mitfühlendem Dasein, beglückenden Ekstasen, originellen Freundschaftszeichen, leidenschaftlichen Begegnungen und gegenseitigem Anerkennen bei aller Verschiedenheit.

Lebendige Menschen setzen sich mit anderen ein für eine Kultur der Zärtlichkeit und der Freundschaft und für eine Kultur des Mitgefühls mit aller Kreatur.

Zärtlich unterwegs

Mich beflügeln lassen
von deiner Zärtlichkeit
in deinem Augen-Blick
ein Hauch von Ewigkeit erahnen

Mich berühren lassen
von unserer Sinnlichkeit
die uns ganz Mensch werden lässt
mit Leib-Geist-Seele

Mich verwandeln lassen
von unserer erotischen Liebeskraft
die innerlich bestärkt und ermutigt
zu einer gastfreundlicheren Welt

Zur Lebendigkeit bewegt

Ich sammle meine Lebendigkeit nicht nur, wenn ich ruhig werde, wenn ich meditiere, sondern auch, wenn ich „in meinem Element bin“: Beim Joggen, beim Abwaschen, beim Schwimmen, beim Spielen, beim Putzen der Wohnung komme ich meiner Lebendigkeit näher.

Sammlung geschieht nicht nur in der Langsamkeit, in der Stille, sondern ereignet sich auch in jenen Momenten, in denen ich voll da bin, in denen Raum und Zeit wie aufgehoben erscheinen. Wenn ich im Garten arbeite und ins Schwitzen komme, kann ich ganz bei mir sein, bei meiner lebendigen Quelle. So erkenne ich das Wunderbare im Alltäglichen und warte nicht ein Leben lang auf ein großes Wunder.

Kraftvoll im guten Lot

Im Innehalten Druck abgeben
mich nicht überfordern lassen
mich nicht unterfordern lassen
meinem Wachstumspotenzial trauen

Im Innehalten Druck abgeben
mich nicht krümmen lassen
mich nicht fremdbestimmen lassen
auf- und einstehen für Lebensqualität

Im Innehalten Druck abgeben
mich nicht stressen lassen
mich nicht verhärten lassen
kraftvoll im guten Lot sein

Offen sein

Offen sein
für die Überraschungen des Lebens
unerwartete Begegnungen in einem Zug
genießen
die in mir eine unerkannte Seite
lebendig werden lassen

Offen sein
für ein spannendes Leben
das mich ermutigt
gelassener mit den vielen Spannungen
im Leben umzugehen

Offen sein
für ein gesammeltes Leben
um in allen Lebensvollzügen
meine Bestärkung zur Lebendigkeit
zu entdecken

Im Einklang mit mir selber

Unsere Welt braucht Frauen und Männer, die wagen, aus der Tiefe ihrer Lebendigkeit zu leben. Dies gelingt, wenn ich authentisch in Einklang mit mir selber lebe, mit meinen hellen und dunklen Seiten, mit meiner Lebenskraft und meiner Verletzlichkeit. Lebendig wird, wer sich von der Überzeugung verabschiedet, das Leben im Griff haben zu können. Es ist immer im Werden, im Lachen und Weinen, in Konfliktfähigkeit und Versöhnung, in Nähe und Distanz.

Mein einmaliger Klang ist gefragt in der großen Melodie des Lebens.

Meine schöpferische Lebenskraft

Heute
bringe ich mich ein
mit meiner schöpferischen Lebenskraft
mit meinem einfühlsamen Mitgefühl

Heute
wachse ich über mich selber hinaus
bin offen für spontane Begegnungen
setze mich ein für mehr Menschlichkeit

Heute
erinnere ich mich, wie ich Teil eines Ganzen
bin
aufrecht zwischen Erde und Himmel
eingebunden in Schöpfung und Kosmos

Lebe, wovon du träumst

WER VON UNS mag wohl gerne ein Träumer, eine Träumerin sein?

Ich schon! Ich brauche die Träume, um zu mehr Lebendigkeit zu erwachen. Sie zeigen mir in großer Klarheit, was auch noch möglich ist auf dieser Welt. Sie bestärken mich zur Hoffnung, sie bringen mich durcheinander, rütteln mich auf und zeigen mir neue Perspektiven auf.

Ich träume am Tag, wenn ich mit anderen zusammensitze und wir unsere Visionen, unsere ver-rückten Ideen ohne Zensur zum Ausdruck bringen.

Ich träume, wenn ich mich in die Stille begebe, mir Distanz schaffe zum Alltag, um auf meine innere Herzensstimme zu horchen, die mich ermutigt, an das Unmögliche zu glauben.

Meine Träume werden gestärkt beim Lesen eines Buches, wenn ich Musik höre, beim Betrachten eines Kunstwerkes, wenn ich angerührt werde durch einem Film im Kino. Mein Traum einer gerechteren Welt wird herausgefordert durch Menschen, die einen alternativen Lebensstil einüben und die mir Mut machen, gegen den Strom der konsumorientierten Oberflächlichkeit zu schwimmen.

Ich träume in der Nacht und ich schreibe manchmal beim Erwachen meine Träume auf. Träume sind auch meine spirituelle Begleiter, weil sie mich in die Tiefe führen und all das hervorheben, was ich noch zu wenig beachtet habe in meinem Leben.

Realistische Menschen lassen sich zum Träumen bewegen. Sie wissen, dass wir viel mehr sind, als was wir vordergründig wahrnehmen. Sie vertrauen der Tiefendimension des Lebens, die sich auch in archetypischen Urbildern ausdrückt. Sie schenken den Tag- und Nachtträumen eine besondere Aufmerksamkeit, weil sich darin ihre Sehnsucht ausdrückt, die sich zum Glück nie gewöhnt an Ohnmacht und Frustration. Sie lassen sich beflügeln durch ungewohnte Sichtweisen, die uns in Verbindung bringen mit dem, was wesentlich ist im Leben.

Träume leben aus der Kraft der Ewigkeit, die uns zu einer bewussten Gestaltung des Alltags im Hier und Jetzt bestärkt.

Träume zeigen uns in verdichteter Form, was uns fehlt im Leben.

Träume lassen uns die alltäglichen Wunder erkennen, die uns zu einem einfachen Lebensstil ermutigen.

Träume möchten mitgeteilt werden, damit sie Wirklichkeit werden können.

Freiraum zum Träumen

Je entspannter ich in meinen Ferien werde, umso mehr nehme ich meine Träume wahr. Durch diesen Freiraum der freien Zeit können mir viele innere Bilder bewusst werden. Meine Seele holt mir jene Erfahrungen nochmals hervor, die mich zur Hoffnung bewegen und die mein Vertrauen ins Leben stärken. Sie zeigt mir auch jene schmerzlichen Momente, die mich verunsichert und aufgewühlt haben. Meine Träume wahrnehmen, das heißt, mich selber besser kennen lernen in meiner Vielfalt. Dazu braucht es einen Freiraum. Ein indianisches Sprichwort sagt:

„Nur wer Zeit zum Träumen hat, findet Weisheit.“

Achte auf deine Seele

Bewahre dir
einen inneren Freiraum
zum Träumen
achte auf deine Seele
die es gut mit dir meint

Gestalte dir
einen Handlungsspielraum
zum Aufatmen
nimm deine inneren Bilder wahr
sie zeigen dir Wege zum Glück

Schaffe dir
einen befreienden Schonraum
zum Ausdrücken
deiner schönen und schweren Traumbilder
sie bestärken dich zur Selbstannahme

Erwachen zum Träumen

Ein Schlaf der Oberflächlichkeit entfernt uns vom wahren Glück.

Wir verschließen unsere Augen vor den außergewöhnlichen Aufbrüchen, die in allen Lebenssituationen möglich sind. Darum gefallen mir jene biblischen Geschichten, in denen Frauen und Männer zum Träumen bestärkt werden.

Im Traum sehen sie den Engel der Hoffnung und des Neuanfangs, der sie hinausführt aus dem Alltagstrott. Dann wagen sie ungewohnte Wege, die sie beflügeln zu neuen Perspektiven der Menschlichkeit. Träume lehren uns die Sprache des Herzens.

Im Hohenlied der Liebe (5,2) heißt es wundervoll:

„Ich schlief, doch mein Herz war wach."

Aufmerksam werden

Wach werden zum Träumen
unerwartete Perspektiven sehen
die hinausführen aus Angst und Misstrauen

Aufgerichtet werden zum Aufbruch
inneren Traumbildern folgen
die bestärken zu mutigen Entscheidungen

Aufmerksam werden zum Handeln
ungeahnte Möglichkeiten wahrnehmen
die die Zukunft menschlicher werden lassen

Durchbruch zum Leben

Durchbruch.
Meine lähmende Ohnmacht bestimmt mich nicht mehr.
Ich habe keine Wahl mehr, das Leben und die Liebe sind stärker.
Ein letztes Aufbäumen, um mir selber auszuweichen.
Geburt ereignet sich, schmerzvoll, schreiend, gekrümmt am Boden,
mit einer leisen Todessehnsucht, in der ich lieber sterben will,
als zu mir zu stehen.

Wunder.
Ich werde innerlich aufgerichtet.
Die Auferstehungskraft stellt mich auf die Füße,
bewegt mich zum Hoffnungstanz,
holt mich hinein in die kosmische Dimension.
„Amorisation" nennt Pierre Teilhard de Chardin jene spirituelle Hoffnung,

die der Christuskraft zutraut, dass die
Schöpfung und der Kosmos
immer mehr von seiner Liebe durchdringen
werden.

Inspiriert von Jesaja 35, 6:
„Dann springt der Lahme wie ein Hirsch."

Traumhaft

Herbstlandschaften mit ihrer Fülle von Farben sind traumhaft.

Sie führen mich in eine erholsame Weite, die meinem Leben eine zuversichtliche Gelassenheit schenkt. Eine Gewissheit, die Welt nicht in Schwarz-Weiss-Schemen zu sehen, sondern in der befreienden Farbigkeit, die der Komplexität unseres Lebens gerecht wird.

Traumhaft, jene Grundhaltung der Toleranz und des Mitgefühls, die mich an einige Worte vom Dichter Rainer Maria Rilke erinnert:

„Geh bis an deiner Sehnsucht Rand."

Eine traumhafte Landschaft nährt meine Sehnsucht nach Leben in Fülle.

Ganz da

Voll da sein
im tiefen Angerührtsein
am Meer
dem Spiel der Wellen folgen
traumhaft kann Leben sein

Ganz weg sein
im staunenden Aufgehobensein
am Feuer
tief miteinander verbunden sein
zeitlos kann Gegenwart sein

Voll da
ganz weg
Traum und Wirklichkeit
umarmen sich

Träume nicht allein

„Wenn eine(r) alleine träumt,
ist es nur ein Traum.
Wenn viele gemeinsam träumen, so ist das
der Beginn einer neuen Wirklichkeit“,
heißt es in einem meiner Lieblingslieder. Gemeinsames Träumen rührt uns an in unserer Mitte. Es setzt Kräfte frei, bestärkt zur Kreativität und lässt Unmögliches möglich werden. Der ermordete Menschenrechtler Martin Luther King, der am 15. Januar 2004 fünfundsiebzig geworden wäre, ist mir da wegweisend. Er hatte einen Traum von einer Welt, die gerechter und zärtlicher wird. Zum Glück blieb er nicht allein, als er vor vierzig Jahren vor dem Weißen Haus in Washington sagte „I have a dream“. Eine Viertelmillion Menschen hörte ihm zu und lebt bis heute seinen Traum der Menschlichkeit.

Träume werden Wirklichkeit

Dabei sein
wenn der Alltagstrott durchbrochen wird
die Gunst der Stunde erkennen
die Träume Wirklichkeit werden lassen

Dazu gehören
wenn die Resignation entlarvt wird
den richtigen Zeitpunkt mitbestimmen
der zu einer neuen Lebensqualität führt

Dabei bleiben
wenn erste Ernüchterung sich einstellt
den langen Atem kultivieren
der festhält an der Utopie der Hoffnung

Alles ist bereit

Alles ist bereit
zum Feiern des Lebens
lachen und weinen
hoffen und zweifeln

Alles ist bereit
zum Fest der Dankbarkeit
Brot und Wein
Kerzen und Rosen

Alles ist bereit
zum Fest der Hoffnung
Zuversicht und Schmerz
Vertrauen und Wehmut

Mein Jugendtraum

Beim Schreiben meines ersten Schulaufsatzes habe ich meine Gabe des Schreibens entdeckt. Sie nährte meinen Traum, vom Schreiben leben zu können. Doch jahrzehntelang ließ ich mir diese Perspektive ausreden: „Träume sind Schäume" – „Du wirst doch nicht einer Illusion folgen" – „Dazu braucht es viel mehr Talent", waren jene Sätze, von denen ich mich blenden ließ. So entfernte ich mich von meiner Lebensaufgabe. Meine Seele aber ließ sich nicht beirren. Ich träumte jahrelang von einer Dachmansarde, von meinem Schreib-Raum. Heute ist mein Traum Wirklichkeit geworden. Darum bestärke ich leidenschaftlich gerne andere Menschen, ihren Kinder- oder Jugendtraum zu verwirklichen.

Folge deinem Traum

Lass dir
deinen Lebenstraum nicht nehmen
halte beharrlich daran fest
im Aushalten von Selbstzweifeln

Lass dir
deinen Lebenstraum nicht begraben
setze ihn Schritt für Schritt um
in der Spannung von Tun und Geschehen-
lassen

Lass dir
deinen Lebenstraum nicht zerreden
lerne dir treu zu bleiben
im mutigen Einfordern eines Freiraumes

Fenster zur Ewigkeit

Meine Träume öffnen mir Fenster zur Ewigkeit.

Da sehe ich mich selbst – mit meiner Fähigkeit, über mich hinauswachsen zu können.

Da ich sehe ich meine Mitmenschen mit ihrer inneren Quelle, die nie versiegt.

Da sehe ich Verstorbene, die mich dank der unzerstörbaren Kraft der Liebe zum Vertrauen in das Leben bestärken.

Da sehe ich unser Eingebundensein in Schöpfung und Kosmos, das zum Genießen im Augenblick ermutigt.

Die Mystikerin Simone Weil sagt es treffend: „Man muss sich mit Ewigem beschäftigen, um aktuell zu sein."

Träumend im Hier und Jetzt

Zum Träumen ermutigt sein
auf innere Urbilder schauen
die den Sinn des Lebens
im Aufgehobensein in aller Zerbrechlichkeit
zeigen

Zum Träumen berührt sein
die unerschöpfliche Lebenskraft wahrnehmen
die in zärtlicher Leidenschaft
Momente der Ewigkeit erfahren lässt

Träumend
im Hier und Jetzt
ins Ganze eingebunden sein

Vertrauen in die Zukunft

Der fünfjährige Siro, der beim Fest ganz selbstverständlich sagt: „Ich bin zum Helfen da!“: Er packt zu, wo er kann, und erneuert dadurch meinen Zukunftstraum.

Es wird immer Menschen geben, die zur Mithilfe bereit sind, die aufleben im Engagement.

Niemand ist zu klein, um die uralte Geschichte der Achtsamkeit durch sein Leben weiterzuschreiben. Wir brauchen solche Hoffnungsgeschichten. Die jüdische Dichterin Rose Ausländer beschreibt es eindrücklich:

„Ich träume mich satt an Geschichten und Geheimnissen.“

Weg in die Tiefe

Wage
den Weg in deine Tiefe
wo du deiner Sehnsucht begegnest
im Teilen glücklich zu sein

Wage
den Gang in die Tiefe
wo Gott in dir träumt
im einfachen Dasein

Wage
den Schritt in deine Tiefe
im Anschauen deiner Traumbilder
die dich zu echter Lebendigkeit bestärken

Dem Morgen entgegen

Schreckliche Alpträume können uns völlig durcheinander bringen.

Sie lassen uns unsere Verletzlichkeit und Endlichkeit erfahren.

Sie sind eine herausfordernde Einladung, unsere Widersprüchlichkeit nicht zu bekämpfen, sondern behutsam zu integrieren.

Träume zeigen uns, wer wir wirklich sind.

Dann bricht ein neuer Morgen an, der uns Mensch sein lässt mit Licht und Schatten.

Ein neuer Morgen, der zum Aufatmen befreit, weil wir nicht perfekt sein müssen.

Gut mit sich sein

Beim Erwachen
aus einem schrecklichen Traum
sich liebevoll begegnen
die unangenehmen Bilder
nicht beurteilen und bewerten
sondern als Teil von mir sehen

Beim Aufschrecken
aus einem Alptraum
sich vertrauensvoll begegnen
nicht sofort begreifen wollen
was dies alles bedeuten soll
sondern sich Zeit zum Verstehen lassen

Durch meine Träume
immer mehr ich selber werden

Den Träumen trauen

Meine Träumen laden mich ein, mehr vom Leben zu erwarten.

Meine Träume bestärken mich, meine Einmaligkeit zu feiern und mich nicht mit anderen zu vergleichen.

Meine Träume ermutigen mich, meiner Intuition zu trauen. Sie zeigt sich auch in meinen Tagträumen, in jenen kurzen Momenten, die mir in aller Klarheit zeigen, was zu tun ist.

Meine Träume nähren meine Hoffnungsfunken, mir und anderen Verwandlung zuzugestehen.

Meine Träume lassen mich den Reichtum des Lebens erfahren. Daniela schreibt mir: „Wirklich reich ist, wer mehr Träume in seiner Seele hat, als die Realität zerstören kann.“

Traumwege

Träume dich
in die Hoffnung hinein
erwarte mehr als alles vom Leben
es ist einmalig und einzigartig

Träume dich
in das Vertrauen hinein
entdecke die Schönheit des Daseins
sie zeigt sich dir jeden Augenblick

Träume dich
in die Liebe hinein
genieße das Geheimnis der Zärtlichkeit
das zum befreienden Mitgefühl bewegt

Visionen entwickeln

„Ein Volk ohne Visionen geht zugrunde", heißt es im biblischen Buch der Sprüche.

In unseren Zeiten der Verunsicherungen und Resignation braucht es den Zusammenschluss von Frauen und Männern, die eine Vision entwickeln für eine Welt, in der alle Generationen Lebensraum zur Entfaltung haben. Wir brauchen Lebensträume, die uns beflügeln zu einem Miteinander, dass die Angst überwindet, zu kurz zu kommen.
Der Sinn unseres Lebens ereignet sich in der Bereitschaft dem Unmöglichen eine Gestaltungschance zu geben. Heute ernten wir all jene Früchte von Menschen, die in der Vergangenheit an das Unmögliche geglaubt haben.

Raum für das Unglaubliche

Manchmal
an das Unglaubliche glauben
sich beflügeln lassen –
Aufwind erhalten
für unerwartete Friedenschancen

Manchmal
dem Unglaublichen trauen
sich begeistern lassen –
Rückgrat erhalten
für befreiende Vertrauensschritte

Manchmal
hoffen in aller Hoffnungslosigkeit
sich bestärken lassen –
Visionen erhalten
für eine menschlichere Zukunft

Einander Träume erzählen

Wenn Menschen einander ihre Träume erzählen, dann geschieht eine verbindende Nähe. In allen Kulturen und Religionen wird erzählt, wie Menschen es kaum fassen können, wenn eine lang ersehnte Befreiung Wirklichkeit wird. In jeder persönlichen Entwicklung erleben wir jenes unfassbare Glücksgefühl, wenn Träume Wirklichkeit werden.

„Da waren wir wie Träumende", heißt im Psalm 126, als die Menschen kaum glauben konnten, dass es andere Lebensperspektive gibt als Fremdbestimmung. Im gegenseitigen Erzählen von Träumen helfen wir einander, dieser tiefen Hoffnungskraft mehr Gewicht zu verleihen. Der Hoffnung, dass es nie zu spät neu anzufangen im Leben.

Wie im Traum

Wie im Traum wird es sein
wenn Menschen ihr Gefängnis des Miss-
trauens verlassen
damit ihr Urwunsch nach Angenommensein
Kreise ziehen wird

Wie im Traum wird es sein
wenn Menschen ihre lähmende Ohnmacht
überwinden
damit ihr Urwunsch nach Verwandlung
befreiende Begegnungen ermöglicht

Wie im Traum wird es sein
wenn Menschen ihre Angst vor dem Fremden
verlieren
damit ihr Urwunsch nach Beheimatung
das Verbindende in der Verschiedenheit er-
fahren lässt

Kraftvoll mitten im Leben

Zu sich selber befreit,
da sein können mit der ganzen Lebenskraft,
eigenständig und berührbar,
selbstbewusst und verwundbar,
aufgerichtet und solidarisch.

Sinn erfahren im Mitteilen jener anstecken-
den Lebensfreude,
die durch den Segen Gottes genährt wird.
Schöpfen aus dieser inneren göttlichen Quelle
im tiefen Seelengrund, die zur Liebe bewegt.

Mitten im Leben stehen,
zum Segen werden
in seiner Kraft und Zerbrochenheit.

Mitten im Leben
Verbitterte begleiten,
Entrechtete stützen mit Protestbriefen von
Amnesty International,

den Sprachlosen Worte ausleihen,
den Enttäuschten Hoffnungsbilder aufzeigen,
den Verwundeten heilend nah sein.

Mitten im Leben stehen,
voll Freude und Dankbarkeit.

Inspiriert von Jesaja 40,9:
„Erhebe deine Stimme mit Macht, Jerusalem,
du Botin der Freude!
Erhebe deine Stimme, fürchte dich nicht! Seht,
da ist euer Gott."

Klarer sehen

In meine Träume eintauchen
in die Tiefendimension des Lebens
selbstbewusst dem Unbewussten trauen
eintreten in die Welt meiner Gefühle
um durch innere Bilder zu erkennen
wer ich wirklich bin

In meine Träume einschwingen
Kontrolle aufgeben
mich hineinbegeben in fremde Räume
die mich zu mir selber führen
zu all den ungelebten Seiten
die integriert sein möchten

In meinen Träumen erwachen
zu meiner Lebendigkeit
Lösungsansätze entdecken
für meine blockierten Fragestellungen
innerlich aufgerichtet werden
zu entschiedenem Handeln

Lebe deine erotische Kraft

Die Lebendigkeit unserer Seele lässt sich auch dank unserer erotischen Lebenskraft entdecken. Echte Lebendigkeit lässt uns sinnlicher werden, so dass wir mit allen Sinnen in Berührung kommen mit dem Leben.

Sinn lässt sich durch die Sinne erfahren.

Die erotische Lebenskraft entfaltet sich bei den Liebenden.

Sie ist grundlegend in einem künstlerischen Prozess.

Sie schwingt mit in allen Begegnungen, in den Menschen sich nicht nur mit dem Kopf, sondern als Leib-Geist-Seele-Einheit begegnen.

Sie führt uns zu unseren spirituellen Quellen, die uns eine tiefere Verbundenheit mit allem erfahren lassen.

In der hebräischen Bibel wird im biblischen Hohenlied der Liebe eine wunderbare Liebespoesie entfaltet, in der die Sehnsucht nach dem Geliebten, nach der Geliebten in bezaubernd-erotischen Bildern entfaltet wird.

„Mit Küssen seines Mundes bedecke er mich. Süsser als Wein ist deine Liebe …“,

so heißen die ersten Worte dieses Buches, das zum Glück in die Bibel aufgenommen wurde. Diese sinnlich-lustvolle Sprache erzählt von der schöpferischen Kraft der Sexualität, die uns von Gott geschenkt ist. Durch die erotische Anziehungskraft der Liebe erfahren wir wunderbare Momente der Ekstase, in denen Raum und Zeit wie aufgehoben erscheinen. Sie lassen uns ahnen, wie Gott sich als Quelle aller Beziehung ereignet in der lustvollen Hingabe, die Liebende einander schenken.
„Das Religiöse und Geschlechtliche sind die beiden stärksten Lebensmächte. Wer sie für ursprüngliche Widersacher hält, lehrt die ewige Zwiespältigkeit der Seele. Wer sie zu unversöhnlichen Feinden macht, zerreißt das menschliche Herz. Und es ist zerrissen worden“, schreibt der Philosoph Walter Schubart 1941 in seinem höchstaktuellen Buch „Religion und Eros.“

Die Lebendigkeit der Seele entdecken wir, wenn wir Sexualität und Spiritualität miteinander versöhnen. Es ist eine Versöhnung, die erfahrbar wird, wenn wir die göttliche Spur in allen Dimensionen unseres Lebens erkennen.

Die erotische Lebenskraft fördert unsere Beziehungsfähigkeit, so dass wir in Verantwortung und Treue liebende Menschen werden, die auch die leidenschaftliche Sinnenhaftigkeit als göttliche Lebenskraft feiern können. Diese lebensbejahende Grundhaltung verdrängt die ambivalente Seite der Sexualität nicht. Es ist jene Seite, die im Habenwollen, im Objektdenken stecken bleibt. Darum gehört zu einer gesunden Beziehung die Spannung von Nähe und Distanz, die uns verinnerlichen lässt, dass echte Liebe nie zu haben ist, dass sie im Werden zu finden ist. Diese Grundspannung findet sich auch in den folgenden Meditationstexten, die vom biblischen Hohenlied inspiriert sind und die das Aufgehobensein wie auch die Verlorenheit ausdrücken, weil unsere Sehnsucht nie gestillt sein wird.

Geborgenheit erfahren

Verzaubert sein
von der erotischen Kraft der Liebe
Zuwendung erfahren
die eigenen feinen Seiten ausdrücken können

Geborgen sein
im gegenseitigen Gehaltensein
Zugehörigkeit erfahren
die eigene Leidenschaft entfalten können

Ganzheitlich werden
kraftvoll und verwundbar
entschieden und unsicher
einfühlsam und mutig

Leidenschaftlich

Leidenschaftlich
suche ich dich
mit allen Fasern meines Seins
inneres Feuer
führt mich zu dir
um in deiner Nähe
mich vergessen zu können

Leidenschaftlich
finde ich dich
mit sinnlicher Glut
wilde Lust
bewegt uns
führt uns zur erotischen Hingabe
die weit über uns hinausweist

Leidenschaftlich
begegnen wir uns
dein bebender Schoß
wird zum Lustgarten

der unsere inneren Quellen öffnet
damit der göttliche Liebesstrom
durch uns fließen kann

Inspiriert nach Hohelied 1,2:
„Mit Küssen seines Mundes bedecke er mich.
Süßer als Wein ist deine Liebe."

Erregende Sinnlichkeit

Grün ist unser Lager
intime Berührungen verwandeln uns
immer mehr zu uns selbst

Schön bist du
erfrischend sind deine Augen
Fenster zu deiner Seele

Heilende Grünkraft bewohnt uns
lässt Raum und Zeit aufgehoben sein
neues Leben wird uns geschenkt

Erregende Sinnlichkeit
stiftet Sinn in unserem Unterwegssein
für eine menschlichere Zivilisation
der Liebe

Inspiriert von Hohelied 1,15–16:
„Schön bist du, meine Freundin,
ja, du bist schön.
Zwei Tauben sind deine Augen.
Schön bist du, mein Geliebter,
verlockend.
Frisches Grün ist unser Lager."

Sinnliche Fülle

Unberührte Nähe
bewohnte Leere
sinnliche Fülle
belebender Zwischenraum

Du bist mein
ich bin dein
weil unser Freiraum bleibt
in lustvoller Ekstase
im heilenden Schmerz

Hoffnungsstiftende Knospe
zärtliche Zuwendung
mutige Weite
entschiedenes Auferstehen

Inspiriert von Hohelied 2,16; 4,7:
„Der Geliebte ist mein,
und ich bin sein …
Alles an dir ist schön, meine Freundin,
kein Makel haftet an dir.“

Unerreichbar fern

Weit weg bist du
unerreichbar fern
wo bleibt unsere tiefe Verbundenheit?

Auf dem Gipfel der Lust
bleibe ich einsam und verloren
wie durchbrechen wir unsere Isolation?

Verschwunden bist du
innerlich abwesend
wie verwandelt sich unsere Entfremdung?

Verzweifeltes Festhalten
führt uns nicht zusammen
reift unsere Beziehung im Loslassen?

Inspiriert von Hohelied 3,1–2:
„Des Nachts auf meinem Lager suchte ich ihn,
den meine Seele liebt.
Ich suchte ihn und fand ihn nicht.

Aufstehen will ich, die Stadt durchstreifen,
die Gassen und Plätze,
ihn suchen, den meine Seele liebt.
Ich suchte ihn und fand ihn nicht.“

Verzaubert

Verzaubert hast du mich
berührt zur Kraft der Liebe
was in mir verborgen war
hast du zum Leben erweckt

Im langsamen sinnlichen Berühren unserer
Haut
werden wir durchlässig für das göttliche Licht
das sich uns zeigt im tanzenden Spiel der Lust
damit wir uns in Geborgenheit und Freiheit
entfalten

Wir erwachen zu unserer ureigenen Lebens-
aufgabe
lassen auch andere Suchende Anteil nehmen
am Geschenk unserer Freundschaft
im mutigen Einsatz für einen weltweiten
Friedensweg

DIR
danken wir
Schale unserer tiefen Liebe

Inspiriert von Hohelied 4,1.5.9:
„Schön bist du, meine Freundin.
Deine Brüste sind wie zwei Kitzlein,
wie die Zwillinge einer Gazelle,
die in den Lilien weiden …
Verzaubert hast du mich."

Beflügelt

Im Anfang
noch unsicher
zu sehr im Verstand
dann werde ich bewegt
durch die Kraft der Musik

Es ist
wie wenn Feuer
durch mich fließt
ich bin voll da
und einfach ganz weg

Du tanzt durch mich
zwischen Erde und Himmel
ich lasse mich beflügeln
zum kosmischen Tanz
der mich mit allem verbindet

Wohltuende Nähe

Wir wagen
gemeinsame Schritte
gestehen uns beiden Freiraum zu
zur persönlichen Entfaltung

Du berührst mich
ich bewege dich
wir trauen dem Lebensfluss
der in uns und zwischen uns fließt

Wir betreten
unbekannte Räume
Nähe und Distanz wechseln sich ab
damit unser Leben spannend bleibt

Du breitest dich aus
ich finde neue Weite
wir erahnen leise
den tieferen Grund unserer Bewegungen

Gemeinsam Verunsicherung aushalten

Innere Zerrissenheit treibt uns
durch-kreuzt ist unser gemeinsamer Weg
wir schreien auf voller Empörung
versinken in der schmerzvollen Ungewissheit

Fragen über Fragen besetzen uns:
Wie konnte dies geschehen?
Wie lange noch quälen wir uns?
Was bleibt uns angesichts dieser Grenz-
erfahrung?

Ausgesetzt der Kälte der Verzweiflung
verdunkelt sind unsere Gesichter
angstbeladen sind unsere Körper
zerschlagen ist unsere Hoffnung

Ob uns die Nacht der Verunsicherung trägt?

Aufgerichtet durch die Liebe

Dem tieferen Grund
nicht mehr ausweichen können
Kontrolle aufgeben müssen
angewiesen sein auf Hilfe
weil der letzte Atemzug sich ankündigt

Aufgerichtet werden
hingelegt werden
sich ausbreiten können
in der eigenen ganzen Verletzlichkeit
endlich nicht mehr stark sein müssen

Getragen werden
in Momenten tiefster Bodenlosigkeit
aufgefangen werden
beim Hinausfallen aus festen Rollen
befreit zum tieferen Selbst

Hinabsteigen
in die Fülle des Nichts
hineinsterben
in die Begegnung der Liebe
die alles neu ausrichtet

Zwischen Liebe und Angst

Zwischen Liebe und Angst
bewegt sich unser Leben
als Gratwanderung
zu echter Selbst- und Nächstenliebe

Angst umzingelt mich
hält mich ohnmächtig und klein
liefert mich der Fremdbestimmung aus
blockiert meinen Lebensfluss

Liebe mutet mir zu
ja zu sagen zu meinem Dasein
einfühlsam zu werden für Beziehung
mich beflügeln zu lassen

Tanz der Engel

Durchbruch
Aufbruch
aus dem Ich-Gefängnis
sich ins Unendliche bewegen lassen

Ekstase
Grenzenlosigkeit
eingetaucht in den Fluss der Liebe
der beglückt und weitet

Spielraum
Kreativität
bewegt zu einem Leben vor dem Tod
das aus der Kraft der Ewigkeit schöpft

Engel werden
erfüllt von Auferstehungskraft
sie ermächtigt zum Widerstand
für eine kämpferische Solidarität
für eine mitfühlende Lebendigkeit
für eine hoffnungsvolle Gerechtigkeit

Hingabe wagen

Ganz bei uns
höchste Konzentration
wohltuende Gelassenheit
vereinen uns

Ganz bei uns
intensive Berührungen
grenzenlose Momente
verbinden uns

Ganz bei uns
beglückende Begegnung
erfüllte Gegenwart
verzücken uns

Ganz bei uns
echte Hingabe
weist über uns hinaus
zur staunenden Liebe

Pierre Stutz inspiriert

SEI GUT MIT DEINER SEELE
Band 7052

Sich selbst mit einem wohlwollenden Blick anschauen – gerade dann, wenn das Leben voller Fragen ist. Meditationen, Rituale, Segenswünsche, wenn sich das Leben nicht ganz so freundlich zeigt.

ZEIT DES WACHSENS, ZEIT DES REIFENS
Leben im Rhythmus der Jahreszeiten
Band 5869

Inneres Wachstum geschieht wie der Rhythmus der Jahreszeiten: Frühling, Sommer, Herbst und Winter sind Sinnbild geglückten Lebens. Pierre Stutz lädt dazu ein, die Kraft der Jahreszeiten zu entdecken.

50 RITUALE FÜR DIE SEELE
Band 7004

Gelassenwerden, wenn der Druck zunimmt; die eigenen Ressourcen entdecken und zu neuer Lebendigkeit aufbrechen.

ATEMPAUSEN FÜR DIE SEELE
Band 7023

Stark sein, mit dem eigenen Rhythmus leben und ein gesundes Zeitmaß finden – dazu inspirieren diese Impulse für die Seele.